BEI GRIN MACHT SICH IHR WISSEN BEZAHLT

- Wir veröffentlichen Ihre Hausarbeit, Bachelor- und Masterarbeit

- Ihr eigenes eBook und Buch - weltweit in allen wichtigen Shops

- Verdienen Sie an jedem Verkauf

Jetzt bei www.GRIN.com hochladen und kostenlos publizieren

Bibliografische Information der Deutschen Nationalbibliothek:

Die Deutsche Bibliothek verzeichnet diese Publikation in der Deutschen National-
bibliografie; detaillierte bibliografische Daten sind im Internet über http://dnb.d-
nb.de/ abrufbar.

Impressum:

Copyright © 2017 GRIN Verlag
Druck und Bindung: Books on Demand GmbH, Norderstedt Germany
ISBN: 9783346186133

Dieses Buch bei GRIN:

https://www.grin.com/document/585143

David Knobelspies

Die Theodizee-Frage. Warum lässt Gott Leid zu?

Mögliche Ansätze zur Klärung der Theodizee-Frage und der Verteidigung des Theismus mit Hilfe der Willensfreiheit

GRIN Verlag

GRIN - Your knowledge has value

Der GRIN Verlag publiziert seit 1998 wissenschaftliche Arbeiten von Studenten, Hochschullehrern und anderen Akademikern als eBook und gedrucktes Buch. Die Verlagswebsite www.grin.com ist die ideale Plattform zur Veröffentlichung von Hausarbeiten, Abschlussarbeiten, wissenschaftlichen Aufsätzen, Dissertationen und Fachbüchern.

Besuchen Sie uns im Internet:

http://www.grin.com/

http://www.facebook.com/grincom

http://www.twitter.com/grin_com

Gott und das Leid

Mögliche Ansätze zur Klärung der Theodizee - Frage und der Verteidigung des Theismus mit Hilfe der Willensfreiheit

Inhaltsverzeichnis:

1) Einleitung

Das Soziale Leben steht still. Schulen und Geschäfte sind geschlossen. Von oberster politischer Ebene der jeweiligen Länder werden weltweit Ausgangssperren verhängt, um die Ausbreitung des Coronavirus einzudämmen und der Pandemie entgegenzuwirken. Am 22. April 2020 sind auf globaler Ebene bereits rund 183.000 Todesfälle in Folge der viralen Infektion zu verzeichnen. Zeitgleich werden weltweit rund 2,6 Mio. Fälle an Infektionen bestätigt. Alleine in Deutschland sind bis zu diesem Zeitpunkt bereits rund 150.000 Menschen mit dem Virus infiziert und 5.140 Menschen an den Folgen einer Infektion gestorben.[1] Angesichts dieses großen Ausmaßes, sind die Ängste und Sorgen der Menschen im Hinblick auf die weitere Entwicklung der Pandemie unschwer nachvollziehbar. Beim Versuch sich in die vielen Einzelschicksaale hineinzuversetzen, lässt sich nur erahnen wieviel Schmerz, Leid und Trauer die Betroffenen selbst und deren Angehörige und Bekannte erfahren müssen.

Auch mit Rückblick auf den 18. Januar 2017, als in Mittelitalien die Erde mehrmals mit einer Stärke von mehr als fünf auf der Richterskala bebte, wurden tausende von Haushalten dadurch vom Stromnetz und der Außenwelt abgetrennt, wodurch angesichts der Kälte und des meterhohen Schnees die Lage zusätzlich erschwert wurde. Im Erdbebenzentrum, nahe des Orts Amatrice, ereignete sich bereits im Sommer 2016 eine Erdbebenserie, in deren Folge viele Gebäude zerstört wurden. Unzählige Menschen verloren ihr Hab und Gut und Hunderte starben.[2]

Bei der Katastrophe vom Januar 2017 sterben ebenfalls Menschen, nachdem eine durch die Erdbeben ausgelöste Lawine ein Hotel unter ihren Schneemassen begräbt. Die Wucht der Lawine war dabei so heftig, dass das gesamte Hotel mit allen Gästen bis zu zehn Meter mitgerissen wurde. Angesichts der extremen Kälte, in der für die Opfer jede Minute zählt, kommt erschwerend hinzu, dass aufgrund der seit Jahrzehnten nicht dagewesenen Schneefälle und der bis zu zwei Meter hoch verschneiten Straßen, der Ort des Geschehens nur schwer durch die Rettungskräfte erreicht werden kann.[3]

Tagtäglich ereignen sich schlimme Dinge, die durch die Medien sowohl auf lokaler, als auch auf globaler Ebene stets präsent sind. Seien es Naturkatastrophen, wie Erdbeben, Vulkanausbrüche, Tsunamis etc. in deren Folge nicht selten unzählige Menschen obdachlos werden oder gar zu Tode kommen oder anthropogen verursachte Katastrophen, wie Kriege, Terroranschläge oder Unfälle, die großes Leid verursachen.

---

[1] Vgl. https://news.google.com/covid19/map?hl=de&gl=DE&ceid=DE:de
[2] Vgl. http://www.zeit.de/gesellschaft/2017-01/italien-erdbeben-mittelitalien-staerke-5
[3] Vgl .http://www.zeit.de/gesellschaft/zeitgeschehen/2017-01/italien-lawine-hotel-erdbeben-rettungskraefte

Vor dem Hintergrund solch schlimmer Katastrophen bleibt stets die eine Frage: „Warum passiert derart Schreckliches? Wie konnte das passieren? Wie kann Gott zulassen, dass solch schreckliches Leid geschieht"?

Die Bibel zeugt an vielen Stellen davon, dass Gott ein Gott der Liebe und die Liebe selbst ist: „Gott ist Liebe, und wer in der Liebe bleibt, bleibt in Gott und Gott bleibt in ihm".[4] Aus der Liebe, die ihren Ursprung im Wesen Gottes hat, wird Gott zum Schöpfer einer Schöpfung, welche das Wesen Gottes widerspiegelt[5]: „Und Gott sah alles, was er gemacht hatte, und siehe, es war sehr gut [...]".[6] Wir sprechen im biblischen Sinn von einem Gott, der uns als geliebte Kinder[7] nach einem weisen Liebesplan erdacht und geschaffen hat und der nur das Beste für uns im Sinn hat und uns zur „Fülle des Lebens"[8] führen will. Auch findet sich die Liebe Gottes in Jesus wieder, um einen weiteren Bibelauszug zu nennen: „Hierin ist die Liebe Gottes zu uns offenbart worden, dass Gott seinen eingeborenen Sohn in die Welt gesandt hat, damit wir durch ihn leben möchten".[9] Im christlich apostolischen Glaubensbekenntnis heißt es schließlich: „Ich glaube an Gott, den Vater, den Allmächtigen, den Schöpfer des Himmels und der Erde [...]".

Wenn Gott also doch ein Gott der Liebe ist und die Allmacht besitzt, allgegenwärtiges Leid zu verhindern, wo ist Gott dann, wenn Menschen durch Naturkatastrophen sterben müssen und durch Kriege ganze Familien zersplittert werden und aus dem eigenen Land flüchten müssen? Wie kann Gott zulassen, dass weltweit rund 795 Millionen unschuldiger Menschen an Hunger leiden und der Kampf gegen diesen durch Konflikte, Krisen und Naturkatastrophen zusätzlich erschwert wird?[10] Wieso verhindert Gott nicht, dass bei dem Zugunglück in Indien vom 22. Januar 2017, 32 Menschen sterben und über 50 verletzt werden?[11]

Nach Kreiner kommt man in Folge des modernen Weltverständnisses zur Auffassung, dass hinter dem menschlichen Schicksal keine höhere Gewalt, sondern die Macht kausaler Naturzusammenhänge steht.[12] Böttigheimer versucht in diesem Zusammenhang den Schöpfungs- und Vorsehungsglaube mit Evolutionsmechanismen, den Eigengesetzlichkeiten der Natur und in Gottes Liebe begründeten Freiheit des Menschen zu vereinbaren. Das Göttliche Wirken bezieht er darauf, dass Gott in der *creatio ex nihilo* ursprünglich alles was existiert, ins Dasein gerufen habe, alles Existierende in der *creatio continua* im Dasein erhalte

---

[4] 1. Johannes 4,16b
[5] Vgl. http://www.was-christen-glauben.info/gott-ist-liebe/
[6] 1. Mose 1,31a
[7] Vgl. 1 Johannes 3,1-3
[8] Johannes 10,10
[9] 1. Johannes 4,9
[10] http://de.wfp.org/hunger/hunger-statistik
[11] http://www.t-online.de/nachrichten/panorama/id_80144388/zugunglueck-in-indien-viele-tote.html
[12] Vgl. Kreiner, 1997, S. 331

und dadurch in der Schöpfung wirke, ohne ihre Autonomie und Eigengesetzlichkeit zu verletzen.[13]

Es stellt sich also v.a. auch die Frage, warum Gott eine Welt erschaffen hat, in welcher derartige Naturgesetze gelten, in Folge derer Leid überhaupt erst entstehen kann. Hierauf wird in Kapitel 3 schließlich näher eingegangen.

Die Anfänge der Leidproblematik sind weit zurückzuführen. Demnach versteht die christliche, jüdische und islamische Glaubensauffassung das Ijobbuch und die darin gestellte Frage nach der Rechtfertigung Gottes, der so viel Leid, Unglück und Ungerechtigkeit zulässt, als den Beginn der Theodizeethematik. Thematisiert und kritisiert werden im Ijobbuch u.a. die alttestamentlichen Theodizeen, wonach Leid zum einen als Erprobung und Bewährung der Frömmigkeit und zum anderen als göttliche Strafe für begangene Sünden verstanden wird. Das Leidproblem wird hier in seiner vollen Realität thematisiert und Ijob darin „zum Typus des leidenden Menschen, der nach dem Sinn seines Schicksals fragt" und der sich „nicht mit vorschnellen theologischen Erklärungen zufrieden geben kann".[14] Ijob vertritt dabei keine theologische Perspektive, sondern den fragenden Menschen selbst, welcher im Leid und mit dem Sinn menschlicher Existenz im Allgemeinen ringt.[15]

Ijob wird ohne ersichtlichen Grund, so scheint es zumindest aus menschlicher Sicht, bestraft, obwohl Gott dies hätte verhindern können. Als Allmächtiger hätte Gott doch seinen treuen und frommen Diener Ijob verschonen und über die Zweifel des Satans an Ijobs Frömmigkeit hinwegsehen können. Doch warum lässt Gott zu, dass Ijob solch schreckliches Leid in so unvorstellbar großem Ausmaß widerfährt?

Unter den Voraussetzungen, dass es das Übel in der Welt gibt und dass ein allmächtiger und zugleich gütiger Gott existiert, welcher quasi intervenieren müsste, um die Übel in der Welt zu beseitigen, ergibt sich schließlich die Brisanz der Theodizee-Problematik.[16]

---

[13] Vgl. Böttigheimer, 2011, S. 26 f.
[14] Loichinger & Kreiner, 2010, S. 163
[15] Vgl. Loichinger & Kreiner, 2010, S. 160 ff.
[16] Vgl. Rommel, 2011, S. 18

2) Die Theodizee – Frage

2.1 Etymologie – Wortherkunft der neuzeitlichen Theodizee

Grundlegend geprägt wurde der Begriff der neuzeitlichen Theodizee vom wohl letzten großen deutschen Philosophen, Mathematiker und Universalgelehrten Gottfried Wilhelm von Leibniz. Demnach leitet sich die Begrifflichkeit aus den griechischen Wörtern „theós" (Gott) und „díke" (Gerechtigkeit) ab. Entsprechend des Wortursprungs geht es um die Frage der Gerechtigkeit oder Rechtfertigung Gottes. Leibniz verfolgte die Absicht, Gott auch angesichts allen Übels zu rechtfertigen, indem er versuchte die logisch zwingende Annahme, dass die bestehende Welt mit all ihrem Leid die beste aller möglichen Welten sei, zu beweisen. Das gesamte Übel, seiner Differenzierung nach also sowohl das „Methaphysische", „Natürliche", als auch das „Moralische", ist demnach nicht Gott gewollt, sondern aus moralischer Notwendigkeit nur zugelassen, um die bestmögliche Welt zu erschaffen.[17] Einen ähnlichen Ansatz vertritt auch der Religionsphilosoph Richard Swinburne in seinem Werk „The Existence of God", welcher in Kapitel 3 näher betrachtet wird.

2.2 Woraus sich die Theodizee-Problematik ergibt

Unter den im Einleitungsteil bereits angedeuteten Prämissen, dass es Übel in der Welt gibt und ein gütiger allmächtiger Gott existiert, ergibt sich die Brisanz des Theodizee-Problems dadurch, dass auf der einen Seite die moralische Verpflichtung Gottes steht, der das Übel beseitigen müsste, es andererseits aber ein phänomenales Faktum ist, dass Leid in der Welt existiert. Hierin besteht also der Widerspruch, welcher, so Rommel, charakteristisch für die Theodizee-Problematik ist. Bei Rommel ist zu lesen, wie in zwei unterschiedlich stark gestellten Problemformulierungen bzgl. der Theodizee-Frage differenziert werden kann:

I.   **Starke Formulierung**: *Kann es angesichts des Übels in der Welt (überhaupt) einen guten Gott geben?*

II. **Schwache Formulierung**: *Wie lässt sich der gute Gott angesichts des Übels in der Welt rechtfertigen?*

Während die erste Formulierung versucht, grundsätzlich die Existenz Gottes bzw. eines guten Gottes zu hinterfragen, geht es in der zweiten Fragestellung darum, welche Argumente aufgeführt werden können, um die Existenz eines guten Gottes zu rechtfertigen.[18] Aus einer

---

[17] Vgl. https://de.zenit.org/articles/gottfried-wilhelm-von-leibniz-die-theodizee-die-beste-aller-welten/
[18] Vgl. Rommel, 2011, S. 18 f.

anderen Quelle geht diesbezüglich schließlich noch hervor, dass es beim Theodizeeproblem nicht darum geht, Gott anzuklagen oder zu verteidigen, sondern vielmehr um die Verteidigung des Glaubens an Gott, weil Übel, Böses und Leid jenem Glauben zu widersprechen scheinen.[19]

3) Mögliche Ansätze zur Klärung des Theodizee-Problems

Einen möglichen Lösungsansatz bildet das sogenannte Argument der Willensfreiheit handelnder Wesen. Die Basis hierfür bildet zunächst die Grundannahme, dass Menschen über einen freien Willen verfügen, obgleich diese Annahme sowohl in Anbetracht neurowissenschaftlicher Erkenntnisse, als auch in der christlichen Tradition eine seit langer Zeit umstrittene Thematik ist. In ihrer theologisch motivierten Ablehnung der Willensfreiheit nämlich äußern Kritiker beispielsweise, dass darin die göttliche Allmacht und Souveränität in Frage gestellt würde.

Eine weitere Basis für die sogenannte „Free-Will-Defence-Argumentation" besteht darin, dass der Willensfreiheit gleichzeitig jedoch ein enorm hoher Wert zugesprochen wird und den Menschen damit zu einem eigenverantwortlich handelnden Wesen macht, das nicht marionettenartig nach fremdgesteuerten Faktoren handelt. D.h. die Willensfreiheit des Menschen stellt quasi die Bedingung für ein daraus entstehendes Gut von immens hohem Wert dar.

Im Rahmen der vorliegenden Arbeit wird dieser mögliche Ansatz zur Lösung der Theodizee-Problematik von zwei unterschiedlichen Perspektiven her beleuchtet. Zum einen werden die Argumentationen und Gedanken des Theologen und Philosophen Richard Swinburne herangezogen und zum anderen die Erörterungsarbeit des Philosophen John Leslie Mackie.

Einführend sei hierzu bewusst herausfordernd zunächst folgender Sachverhalt erwähnt: Wäre die Willensfreiheit, wie den Kritikern zu Folge, eine Illusion, gäbe es gar kein moralisch geprägtes Leid, sondern ausschließlich natürliche Übel. Im Sinne des Leidursprungs bestünde quasi kein Unterschied zwischen Kriegen und Naturkatastrophen. Um letztlich eine wirklich echte, wertvolle Willensfreiheit zu garantieren, muss von Gott in Kauf genommen werden, dass die Möglichkeit des Freiheitsmissbrauchs besteht.

In der Folge ergibt sich eine der schwierigsten religionsphilosophischen Fragen, welche darin besteht, ob ein allwissender Gott Entscheidungen voraussehen kann und damit eine Welt erschaffen könnte, in der ausschließlich handelnde Wesen existieren, die von vorne herein aus freiem Willen ihre Freiheit im Sinne von Entscheidungen zum Leid hin, nicht missbrauchen.

---

[19] Vgl. Loichinger, 2010, S. 10 f.

Es wäre also eine Welt mit Willensfreiheit, aber gleichzeitig ohne moralische Übel. Der problematische Kern der Thematik besteht nun aber darin, dass wenn Gott allwissend Entscheidungen voraussehen kann, die Entscheidungsfreiheit handelnder Wesen dadurch bereits eingeschränkt wäre, indem sie nicht anders als von Gott vorgesehen entscheiden könnten. Andererseits kommt im Gegenzug die Problematik auf, dass wenn Gott Entscheidungen nicht voraussehen kann, seine Allwissenheit in Frage stünde.

3.1 Der Ansatz von Richard Swinburne auf Basis der Free-Will-Defence-Argumentation

Unter den genannten Gesichtspunkten bleibt bzgl. der Free-Will-Defence-Argumentation die Existenz natürlicher Übel letztlich ungeklärt. Richard Swinburne weitet daher in seinem Lösungsansatz die Free-Will-Defence-Theorie auch auf die Übel natürlichen Ursprungs aus.[20]

Im Folgenden wird nun ein möglicher Ansatz betrachtet, der sich damit auseinandersetzt, wie auch angesichts allen Übels ein Gottesglaube erwachsen und auf die Existenz Gottes geschlossen werden kann. Die Basis für die folgenden Gedanken bildet dabei einmal mehr die kritische Frage danach, ob ein gütiger Gott nicht eine bessere, andere Schöpfung, als jene, wie sie vorzufinden ist, hätte erschaffen müssen.

Der Philosoph und Theologe Richard Swinburne konstatiert dazu ähnlich, wie auch bereits Leibniz, dass die existierende Welt trotz allen Übels bzw. sogar eben deshalb gleichzeitig die Beste aller möglichen Welten ist. Mit seinen Überlegungen über den Sinn des allgegenwertigen Übels versucht er so die bestehende Welt zu rechtfertigen.

Um diesen Gedanken nachvollziehen zu können, ist es wichtig zu wissen, dass Swinburne dabei zunächst eine fiktive Welt vor Augen hat, in denen er quasi von einer Schöpfung ausgeht, die frei von jeglichem Übel und Leid ist. Dabei kommt Swinburne zu dem Schluss, dass die reale Welt trotz allen Übels letztlich Vorzüge gegenüber einer fiktiven vermeintlich besseren Welt ohne Übel hat. Wenn es handelnden Wesen selbst möglich sein soll, zu entscheiden, ob sie Leid herbeiführen oder verhindern wollen, müssen sie gleichzeitig wissen, wie Übel herbeigeführt oder verhindert werden kann. Logische Konsequenz dessen ist, nach Swinburne, dass die Existenz von Übel dazu vorausgesetzt werden muss. Wenn Menschen quasi selbst die Entscheidungsfreiheit haben sollen, sowohl kurzfristig als auch langfristig über Generationen hinweg, Leid herbeizuführen, oder eben abzuwenden, dann muss Leid allgemein existent sein, um eine Erkenntnisgewinnung zu ermöglichen und damit Menschen in der Folge entsprechend handeln können. Swinburne spricht in diesem Zusammenhang von

---

[20] Vgl. Loichinger, 2010, S. 67 ff.

Wissenserwerb und Erkenntnisgewinnung handelnder Wesen durch Induktion. Greifen wir dazu das im Einleitungsteil genannte Beispiel der Erdbeben – und Lawinenkatastrophe in Italien auf, welches Todesopfer zur Folge hatte. In Anlehnung an Swinburnes Gedanken, ist es die Handlungsfreiheit der Menschen, sich dafür zu entscheiden, sich in einem erdbeben – und lawinengefährdeten Gebiet aufzuhalten und mögliches Leid in Kauf zu nehmen bzw. herbeizuführen. Erst wenn also Leid allgegenwärtig existent ist und der Mensch um die Folgen des Übels weiß und selbst beurteilen soll, besteht die Handlungsfreiheit, sich vom Leid abzuwenden oder es herbeizuführen.

In diesem Zusammenhang komme ich nochmals zu der anfänglich genannten Annahme Swinburnes einer fiktiven Welt, die frei von Leid ist und in der Gott unmittelbar eingreift, um das Übel zu verhindern, zurück. Daraus ist zu schließen, dass der Mensch als handelndes Wesen in seiner Freiheit, sich gegen das Leid bzw. selbständig zu entscheiden, gewissermaßen eingeschränkt wäre. Swinburne führt in diesem Zusammenhang folgendes Beispiel auf: *„Wenn aber die Welt so eingerichtet wäre, wüssten wir, daß es viel weniger wichtig wäre, andere aus einer Feuerbrunst zu retten oder Feuerbrünste zu verhindern. Entsprechend minderten sich dann die Wahlmöglichkeiten, anderen zu helfen und sie vor künftigen Leiden zu bewahren."*[21] Selbiges würde auch für eine Welt zutreffen, in der sich Gott in Form von unmittelbaren Äußerungen erkenntlich zeigen würde und damit eine klare Existenz Gottes bewiesen wäre. Angesichts einer klar bewiesenen Existenz Gottes, so Swinburne, würde die Wahrscheinlichkeit des handelnden Menschen sich für das Übel bzw. das Böse zu entscheiden, sinken.

Ähnlich wie bei einer Differenzierung zwischen intrinsischer und extrinsischer Motivation beispielsweise bzgl. des Lernverhaltens bei Schülern innerhalb der Lehrer-Schüler-Beziehung, bestünde in einer solchen Welt die Motivation des Menschen sich für das Gute bzw. gegen das Übel und Leid zu entscheiden darin, nach dem Willen des moralisch gerechten Gottes zu handeln, da ja dessen Existenz bewiesen ist. Eine echte Wahlfreiheit handelnder Wesen aber verknüpft Swinburne mit der Möglichkeit, sich sowohl für das Gute, als auch für das Schlechte entscheiden zu können. Swinburne propagiert in seinem Ansatz, dass dem Menschen dadurch erst etwas Entscheidendes von Gott gegeben werden kann, das ihm ohne die freie Wahl verborgen bliebe. Mehr noch, Swinburne bezeichnet die Freiheit des Menschen als ein kostbares Gut, welches aber auch eine überaus große Verantwortung mit sich bringt. Er kommt dabei zu dem Schluss, dass der Mensch ein von Gott gewolltes autonomes, verantwortungsvolles Wesen ist, dessen Entscheidungsfreiheit also darin besteht sich sowohl für das Gute als auch das Böse zu entscheiden. Die logische Konsequenz dessen ist demnach die Notwendigkeit der Existenz sowohl moralischer, als auch natürlicher Übel. Insbesondere soll natürliches Leid dem Menschen ermöglichen, sich Entscheidungswissen anzueignen, um

---

[21] Swinburne, 1987, S. 288

in der Folge danach entsprechend frei handeln zu können.[22] Dabei verstrickt Swinburne quasi moralisches und natürliches Leid in einer gewissen Art und Weise miteinander unter dem Gesichtspunkt der von Gott gewollten Freiheit des Menschen als wertvolles Gut bzw. Voraussetzung für die Entstehung eines solch wertvollen Guts.

Offensichtlich ist für Swinburne also die Existenz eines Gottes, wie er aus traditionell theistischer Sicht gesehen wird durchaus mit dem Faktum des Leids und weltlichen Übels zu vereinbaren.

3.2 Der Ansatz von John Leslie Mackie mit seiner religionskritischen Studie: „Das Wunder des Theismus – Argumente für und gegen die Existenz Gottes"

Den mehr oder weniger exakten Gegenpol zu Swinburnes Argumentationsreihe und quasi die direkte Antwort auf Swinburnes Studie „Die Existenz Gottes", bildet der renommierte Philosoph John Leslie Mackie mit seiner religionskritischen Studie „Das Wunder des Theismus – Argumente für und gegen die Existenz Gottes". Ebenfalls wie auch Swinburne, widmet sich Mackie im Rahmen seiner Erörterung der methaphysischen Frage nach der Existenz Gottes. Während sich Swinburne als Anhänger des Gottesglaubens versteht, nimmt Mackie in Folge seiner Studie eine atheistische Grundhaltung ein. Die aufkommende Debatte zwischen den zwei verschiedenen Ansätzen, welche die beiden vertreten, wird dabei oftmals als sogenannte „Theismus-Atheismus-Kontroverse" propagiert. Ihr Gegenstand ist die Lehre, dass es einen Gott von jener Art gebe, wie ihn die Traditionen der monotheistischen Religionen im Ausgang ihrer Offenbarungsschriften verkünden. Im Hinblick auf ihre Studien zeichnen sich sowohl Swinburne als auch Mackie dadurch aus, dass Sie großen Wert darauf legen, über die Gottesthematik argumentativ vernünftig zu reflektieren, wobei ihre Denkweise stark empirisch orientiert ist.

Im Folgenden wird der Fokus nun näher auf Mackies Lösungsansatz gesetzt. Dabei kommt er im Rahmen seiner Argumentationserörterung schließlich zu einem Ergebnis, welches mehr gegen die Existenz Gottes, als dafür spricht. Auf jene Argumentation wird im Folgenden näher eingegangen, soweit dies im Rahmen der vorliegenden Arbeit möglich ist.[23]

Mackie konstatiert bzgl. der Logik des Theodizee-Problems zunächst, dass zwischen den beiden Aussagen der Lehre des traditionellen Theismus, es gäbe einen sowohl allmächtigen und allwissenden, als auch zugleich vollkommen gütigen und barmherzigen Gott, unter der Voraussetzung, dass Übel existiert und dass das Gute dem Leid so entgegengestellt ist, dass

---

[22] Vgl. Swinburne, 1987, S. 277 ff.
[23] Vgl. Rommel, 2011, S. 108 ff.

ein vollkommen gütiges Wesen mit all seinen Möglichkeiten das weltliche Übel beseitigt und in seiner Allmacht demnach alles zu tun vermag, ein offensichtlicher Widerspruch besteht. Entsprechend dieser logischen Denkweise wird die Existenz eines solchen Wesens bei Mackie in Frage gestellt und grundsätzlich diskutiert. Aus traditionell theistischer Sicht als schwierig erweist sich die Tatsache, dass es sich hierbei weder um eine naturwissenschaftliche, noch um eine praktische Problematik handelt, welche nicht ohne weiteres durch zusätzliche Nachforschungen und Handlungen zu lösen ist.

Explizit mit Bezug zur Verteidigung Gottes anhand der Willensfreiheits-Theorie, welche in der von Gott gewollten Freiheit des Menschen ein Gut mit unermesslichem Wert bzw. die Bedingung für das Entstehen eines solch hohen Guts sieht, lässt John L. Mackie die Wahrscheinlichkeit zu, dass möglicherweise selbst ein allmächtiger Gott nicht im Voraus wüsste, wozu sich ein Mensch bzgl. zukünftiger Möglichkeiten letztlich entscheiden würde. Aus dieser Annahme heraus folgert Mackie, dass der allwissende Gott bis zu einem gewissen Grad an Grenzen gelangt. Begründet sieht er dies in der Tatsache, dass solange sich ein Mensch noch nicht für etwas entschieden hat, jenes, was er schließlich tun wird kein möglicher Gegenstand einer wahren Aussage darstellt. Mackie stellt quasi zur Diskussion, dass wenn Gott den Menschen mit dem hohen Gut der Freiheit erschaffen wollte, er es mit dem Risiko tun musste, selbst nicht zu wissen, wie die Menschen von ihrer Freiheit Gebrauch machen würden. Diese Annahme würde sich zwar als sehr vorteilhaft erweisen, Gott angesichts des moralischen Übels in der Welt zu rechtfertigen, entspricht sie jedoch nicht dem klassischen theistischen Verständnis dessen, was allgemeinhin unter der Allwissenheit Gottes verstanden wird. Während dieser Gedanke Gott in seiner Macht also offensichtlich einschränkt, kommt darüber hinaus hinzu, Gott in Zusammenhang mit zeitlicher Dimension zu bringen. Auch dieser Ansatz wird in der klassischen Theologie nicht vertreten.

Andererseits äußert Mackie jedoch auch, dass trotz des eingeschränkten Allmachts - und Allwissenheitsverständnisses Gottes, Gott zumindest wissen bzw. erahnen könnte, welche Möglichkeiten an Entscheidungen Menschen haben könnten. Aus dieser Annahme wiederum schließt Mackie auf den Gedanken, dass Gott also bewusst ein großes Risiko eingegangen wäre, indem er Menschen eine solch Freiheit zukommen lässt.

Darüber hinaus nennt Mackie einige Merkmale des Freiheitsbegriffs zur Verteidigung des Theismus im Rahmen der free-will-defence-Theorie:

- Freie Entscheidungen entstammen nicht einem vorgegebenen Charakter oder Wesen des Handelnden
- Wirklich freie Entscheidungen sind nicht von Gott vorhersehbar

- Wahre Freiheit stellt ein so wertvolles Gut dar, dass tatsächlich vorkommendes Leid und das Risiko möglicher Übel darin ausgeglichen (absorbiert) werden → (hierauf wird später noch näher eingegangen)
- Gott könnte den Menschen eine Freiheit geschenkt haben, auf welche Gott selbst keinen Einfluss mehr haben könnte, indem er sich quasi aus seiner eigenen Schöpfung zurückgezogen hat

Mackie kommt zu dem Schluss, dass bislang kein Freiheitsbegriff gefunden werden konnte, auf den die zuvor genannten Merkmale in ihrer Gesamtheit zutreffen. Daraus folgert er das Misslingen der free-will-defence-Theorie bzw. die Formen der Verteidigung des Theismus anhand der Willensfreiheit. Aus theistischer Sicht erscheint dies insbesondere dahingehend ernüchternd, als dass sich der free-will-defence-Ansatz doch als einer der erfolgversprechendsten Ansätze zur Klärung der Theodizee-Problematik versteht.

Dem Theismus sei es bislang noch nicht gelungen, sich vollständig klar und widerspruchsfrei darzulegen, ohne wenigstens eine seiner zentralen Aussagen zu verändern.

Begründet sieht Mackie seine Argumentation darin, dass selbst Argumente, welche Gott angesichts des Übels versuchen zu entlasten, in dem sie die Existenz des allgegenwärtigen Leids auf die freien, verkehrten Willensentscheidungen des Menschen zurückführen, letztlich ebenfalls zum Scheitern verurteilt seien. Dazu erklärt er, dass unter der Annahme der absoluten Willens-und Entscheidungsfreiheit des Menschen, in der sich Gott selbst aus seiner Schöpfung zurückzieht und so die freien Entscheidungen des Menschen nicht vorhersehen kann, aus theistischer Sicht zwei Probleme entstehen würden. Einerseits würde hierdurch nämlich das traditionelle theistische Gottesbild der Allwissenheit eingeschränkt, wodurch quasi ein kausaler Widerspruch entsteht und andererseits würde diese Argumentation in keinster Weise das enorm große Ausmaß an Leid rechtfertigen, um den freien Willen als ein hohes Gut von großem moralischem Wert bzw. als Bedingung für die Entstehung eines solchen Guts zu garantieren.

Mackie schließt daraus, dass der Glaube an einen guten Gott bzw. eine free-will-defence nicht zu verantworten seien.[24] Auf diesen Sachverhalt werde ich später nochmals zurückkommen.

An dieser Stelle erscheint es mir zum besseren Verständnis im Folgenden als sinnvoll, einige Deutungen Rommels bzgl. der vorangegangenen Thematik miteinzubeziehen.

Bei der Erörterung des Hauptarguments des Theismus, das in der menschlichen Freiheit also einen hohen Wert sieht und welches das Böse allein auf den Missbrauch der menschlichen

---

[24] Vgl. Mackie, 1987, S. 239 ff.

Willensfreiheit zurückführt, wobei Gott dahingehend keinen Einfluss habe, formuliert Mackie nun seine persönliche Ansicht bzw. Interpretation der free-will-defence.

Im Rahmen zweier Prämissen geht daraus hervor, dass wenn erstens die Freiheit einen hohen Wert darstellt, Gott das Risiko das Böse zuzulassen, rechtmäßig eingeht. Zum Zweiten stellt die Freiheit auch tatsächlich ein Gut hohen Wertes dar, woraus schließlich schlussgefolgert werden kann, dass Gott also zu Recht das Risiko des Bösen eingeht. Wie im Vorangegangenen bereits angedeutet, geht Mackie bezüglich des Freiheitsbegriffs ebenso, wie auch Verteidiger der free-will-defence, grundsätzlich von einem offenen Universum aus, in dem es quasi weder Mensch noch Gott möglich ist, zukünftige Handlungen vorherzusehen. Begründet sieht er seine Annahme in der Tatsache, dass wahre Aussagen letztlich nur über tatsächlich auch existierende Sachverhalte gemacht werden können. Dies ist hierbei auch der Grund dafür, dass selbst Gott diesem Nichtwissen ausgesetzt ist. Gleichzeitig können jedoch auch nur über tatsächlich existierende Sachverhalte empirische Grundlagen geliefert werden, was für Mackies Argumentation wiederum von höchster Priorität ist.

Gleichzeitig ist der immens hohe Wert der Freiheit als wertvolles Gut die Basis für die gesamte theistische Argumentation. Nur in einer Welt, in der Leid allgegenwärtig ist und Menschen schuldig werden können, besteht die Möglichkeit zur Verzeihung und zu ethischem Mitleid. Nur hier kann echte Solidarität entstehen. Jene bösen Handlungen, welche Theodizee-Anhänger dadurch als gerechtfertigt ansehen, indem ihre negativen Seiten durch entstehende höheren Werte kompensiert werden, bezeichnet Mackie dabei als „absorbierte Übel". Demnach muss das Übel quasi in Kauf genommen werden, um moralisches Gut zu ermöglichen. Das Böse ist also der Preis für eines der höchsten Werte des Menschen, der Moralität und auch der Preis seiner Bedingung, der Freiheit.

Unter Berücksichtigung bzw. der Annahme, dass Gott nun also zu Recht das Risiko, das Böse zuzulassen eingeht und der logische Widerspruch im Theodizee-Problem beseitigt sei, überprüft Mackie im Rahmen zweier Gegenargumente diesen Gesichtspunkt kritisch.

Dabei verweist er zunächst auf das Problem der Einschränkung der Allwissenheit Gottes, als Gegenargument vom freien Willen. Unter Allwissenheit Gottes versteht Mackie nämlich grundsätzlich, dass Gott ein vollkommenes Wissen über alle geschichtlichen, gegenwärtigen und zukünftigen universalen Ereignissen besitzt, unabhängig jeglicher zeitlicher Dimension. In diesem Verständnis glaubt sich Mackie am traditionellen Glauben monotheistischer Religionen orientieren zu können.

Die Grundlage der Gegenargumentation Mackies ist quasi, dass Gott im Rahmen der free-will-defence-Theorie als nicht allwissend dargestellt wird, in dem ihm Grenzen bzgl. seiner Vorhersehbarkeit zukünftiger menschlicher Entscheidungen gesetzt sind. Nach Mackie ist es eben dieses Nichtwissen und jene Allmachtsbeschränkung Gottes, das gegen dieses grundlegend wichtige Element der klassischen Theologie, nämlich Gottes Allmächtigkeit, verstößt.

Mackie argumentiert, dass hierdurch ein Widerspruch entstehe. Demnach erfolgt für ihn an dieser Stelle keine Lösung des Theodizee-Problems, sondern mit zunehmender Erörterung lediglich eine Verschiebung der Widersprüche.

Des Weiteren deutet Mackie in einem nächsten Gegenargument darauf hin, dass der große Wert der Freiheit als hohes Gut angesichts der immens großen Quantität des Bösen und des Leids grundsätzlich kritisch zu betrachten sei. Er konstatiert, dass in Folge jener Freiheit überhaupt erst die Voraussetzung für Übel derart großen Ausmaßes geschaffen wurde.

Angesichts dessen, stellt sich für Mackie die Frage, ob dieser Freiheit tatsächlich ein solch hoher Wert zugesprochen werden kann und darf.

Seine eigene unmittelbare Antwort darauf lautet sinngemäß, dass das extreme Ausmaß an weltlichem allgegenwärtigem Leid, den besagten hohen Wert der menschlichen Willensfreiheit nicht ausgleichen kann. Vielmehr hätte Gott diese Freiheit gar nicht erst zulassen dürfen.

Aus seiner Argumentation gegen die hier betreffende Theodizee geht hervor, dass infolge dessen, Gott zu Unrecht das Risiko des Bösen eingeht bzw. zulasse und dies auch noch selbst unter der Annahme eines offenen Universums, in dem Gott nicht allwissend ist, da Gott letzten Endes doch bei seiner Schöpfung immerhin berücksichtigen könnte, was freie Menschen eventuell entscheiden würden.

Schussendlich gelangt Mackie im Rahmen seiner Erörterungsreihe zu dem Ergebnis, dass jegliche Form der Verteidigung des Theismus anhand des Arguments der Willensfreiheit scheitern würde.

Geht es nach Mackie, so sei es bisher nämlich nicht gelungen, einen Freiheitsbegriff zu finden, unter dessen Charakteristik es möglich wäre, eine entsprechende Lösung der Theodizee-Problematik zu ermöglichen. Mackie folgert aus seiner Argumentation, dass nicht gezeigt werden könne, dass Freiheit tatsächlich ein Gut von solch hohem Wert darstellt bzw. die Bedingung ist für das große menschliche Gut, welches sich in der Folge erst entwickelt. Zudem konnte Mackie während seiner Erörterung kein Freiheitsverständnis finden, welches von den natürlichen Bestimmungen handelnder Subjekte unabhängig wäre.

Darüber hinaus betrachtet er auch die Suche nach einem entsprechenden Freiheitsbegriff, welcher sich mit der Allwissenheit Gottes vereinbaren ließe, als misslungen.

Da jedoch die genannten Charakteristika eines theodizeefähigen Freiheitsbegriffs laut Mackie hätten erwiesen sein müssen, ergibt sich an dieser Stelle keine befriedigende Lösung der Theodizee-Problematik.

Trotz allem gesteht Mackie aber auch ein, dass die Tatsache der Existenz des Übels nicht zwingend zur Widerlegung des Theismus führen muss. Insbesondere deshalb, weil einzelne

Prämissen im Gottes-Begriff so veränderbar seien, dass Unverträglichkeiten und Widersprüche mit der Leidproblematik umgangen werden können.

Letztlich erörtert Mackie aber, dass eine insgesamt widerspruchsfreie und nicht nur in einzelnen Fällen zutreffende Formulierung von Merkmalen des theistischen Gottesbegriffs und des Leidbegriffs argumentativ nicht erreicht werden kann. Demnach ergibt sich für ihn die persönliche Tendenz einer atheistischen Geisteshaltung.[25]

---

[25] Vgl. Rommel, 2011, S. 114 ff.

4) Persönliches Fazit

Warum gibt es nun also so viel Leid und Übel, sowohl Moralisches, als auch Natürliches, auf der Welt? Warum muss es wieder und wieder zu schwerwiegenden Unfällen, Naturkatastrophen oder Kriegen kommen, die doch so viel Trauer und Leid mit sich bringen. Und wie lässt sich diese Tatsache mit der Existenz eines vollkommen gütigen, barmherzigen und allmächtigen Gottes in Einklang bringen?

Für Swinburne ist in diesem Zusammenhang klar, dass ein guter Gott angesichts der natürlichen Übel dann gerechtfertigt werden kann, wenn mit der Existenz natürlicher Übel eine sinnvolle Funktion verbunden ist, welche er wiederum darin sieht, dass autonome, von Gott gewollte, freie Menschen aus diesen Übeln ethisch und unabhängig lernen können.[26] Im Rahmen der Arbeit konnte aufgezeigt werden, wie Swinburne zu dem Schluss kommt, dass Gott Leid zulassen muss, darin auch das moralische Leid eingeschlossen, um dem Menschen das Gut der Freiheit und Autonomie bzw. das daraus folgende wertvolle Gut zu gewährleisten. Dies stellt dabei keineswegs die Allmächtigkeit Gottes oder seine Güte und Barmherzigkeit in Frage. Hierdurch ist für Swinburne in der Folge die Existenz eines Gottes, wie er aus traditionell theistischer Sicht beschrieben wird, durchaus mit dem Faktum des irdischen Übels zu vereinbaren.

Von einer anderen Richtung her betrachtet Mackie das Problem, in dem er durch die Annahme der Freiheit des Menschen Gottes Allmacht relativiert. Die zentrale Aussage dahinter ist, dass wenn Menschen tatsächlich die Freiheit hätten, sich sowohl bzw. entweder für das eine, oder andere zu entscheiden und diese Entscheidungsfreiheit weder durch die festgelegte Wesensart des Menschen noch durch äußere Umstände determiniert bzw. beeinflusst wird, dann wäre es unmöglich, im Voraus zu wissen, wie sie sich entscheiden würden, noch bevor sie sich entschieden hätten. Dies könne nicht einmal einem allmächtigen Gott möglich sein. Gott hätte demnach auch nicht wissen können, in welchem Sinne die Menschen von ihrer Freiheit Gebrauch machen würden. Gleichzeitig argumentiert Mackie jedoch auch, dass Gott zumindest vorausahnen könnte, wie sich Menschen möglicherweise evtl. entscheiden könnten und deutet hierbei auf das enorme „höllische Risiko" hin, das Gott bei seiner Erschaffung des freien Menschen eingegangen sei, da der Mensch durchaus noch viel bösartiger hätte sein können.

Darüber hinaus äußert Mackie auch, ob Gott nicht den Handlungsspielraum des Menschen hätte so einschränken können, dass wir nicht in der Lage wären, in das Leben anderer einzugreifen. Wenn Gott quasi in seiner Schöpfung den Menschen so vorgesehen hat, dass er sich frei sowohl für das Gute, als auch für das Böse entscheiden kann, warum konnte er sie

---

[26] Vgl. Rommel, 2011, S. 159

dann nicht auch so erschaffen, dass sie sich immer freiwillig von vorneherein für das Gute bzw. gegen das Übel entscheiden. Mackie räumt quasi die Möglichkeit ein, dass das Wesen des Menschen so geartet ist, dass sie frei das Gute wählen.

An dieser Stelle, denke ich, ergibt sich die Diskrepanz zu Swinburnes Argumentation, Aussage und Auffassung der von Gott gewollten Willensfreiheit des Menschen, indem die wirkliche Freiheit des Handelnden in gewissem Sinne durch die Einschränkung an tatsächlichen Wahlmöglichkeiten aufgehoben wird. Dies wäre im Kern quasi mit einer Welt, in der kein Übel und Leid existiert, gleichzusetzen. Menschen hätten hier nur die Möglichkeit sich für „A" zu entscheiden.

Entsprechend Swinburnes Gedanken, bin ich persönlich der Auffassung, dass der Mensch ein von Gott gewolltes autonomes, verantwortungsvolles Wesen ist, dessen Freiheit darin besteht, sich sowohl zum Guten, als auch zum Bösen entscheiden zu können, woraus sich eben auch die Notwendigkeit der Existenz moralischen und natürlichen Leids ergibt.

Indem nun aber, so denke ich persönlich, eine wirklich wahre, echte und intrinsisch von innen heraus motivierte Bekenntnis und ein Glaube zu Gott und eine daraus folgernde Fülle an Leben und Liebe, wie sie von Jesus gepredigt wird bzw. wurde nur unter diesen Voraussetzungen entstehen kann, muss die Welt mit ihren Bedingungen so sein, wie sie ist. Vereinfacht ausgedrückt muss also Leid und Übel existent sein, um eine wahre Entscheidungsfreiheit des Menschen zu garantieren. Erst aus jener vollkommen unbeeinflussten wahren Freiheit wiederum, kann eine echte, tiefe, vertrauensvolle, ungezwungene und unbeeinflusste Gottesbeziehung und echter vollkommener Glaube entstehen, aus tiefster innerer Überzeugung heraus. Ich erinnere hierbei nochmals an die Annahme Swinburnes einer fiktiven Welt, frei von Leid und in der sich Gott eindeutig erkenntlich zeigen würde. Es erscheint mir logisch, dass sich unter diesen Voraussetzungen Menschen womöglich voreingenommen im Bewusstsein der tatsächlichen Existenz Gottes und in Anbetracht der eingeschränkten freien Wahlmöglichkeiten zwischen Gut und Leid, gewissermaßen eingeschränkt bzw. sich unfrei zu Gott bekennen würden.

Daher kann ich mich persönlich in diesem Zusammenhang der Aussage Mackies nicht anschließen, in der er betont, dass die Annahme der Freiheit als ein Gut von hohem Wert unplausibel sei, sofern Freiheit definitionsgemäß Entscheidungen zum Guten und zum Bösen einschließe. Mackie stellt sich hierbei die Frage, worin der besondere Wert von Entscheidungen zum Guten und zum Bösen als solches bestünde und betont, dass dieser Aspekt der Freiheit nicht der Grund ihrer Werthaftigkeit sein könne.[27] Doch diese Frage sehe ich in den Aspekten, die ich unmittelbar zuvor genannt habe, beantwortet. Wenn Mackie also im Rahmen seiner Kritik an der Verteidigung des Theismus mit Hilfe der Willensfreiheit äußert,

---

[27] Vgl. Mackie, 1987, S. 263

dass es einem Gott, wie er aus traditionell theistischer Sicht beschrieben wird, immer möglich gewesen wäre, Wesen von der Art zu schaffen, dass Sie immer frei das Gute wählen, komme ich schließlich zu der Meinung, dass sich Gott sehr wohl aus seiner Schöpfung zurückziehen kann, um dem menschlichen Wesen absolute Freiheit zu gewähren, mit all seinen wertvollen Gütern, welche sich daraus ergeben und dabei aber trotzdem allwissend und allmächtig bleiben kann. Es muss für mich persönlich hierbei keine Allmachts- und Allwissenheitsbeschränkung Gottes vorausgesetzt und angenommen werden. Vielmehr denke ich, dass durch das Zulassen der Möglichkeit der absoluten Entscheidungsfreiheit des Menschen, das Gut der vollkommenen und ehrlichen intrinsischen Bekennung zu Gott und Gottesbeziehung verborgen liegt. Dies würde auch die Existenz von Übel und Leid trotz der Allmacht, Allwissenheit, Güte und Barmherzigkeit Gottes rechtfertigen.

Im Laufe des Lebens werden wir mehr oder weniger oft mit Situationen konfrontiert, in denen man sich von Gott im Stich gelassen fühlt. Insbesondere in Momenten des Leids und der Trauer kann es besonders schwer fallen, an einen barmherzigen Gott oder an Gott im Allgemeinen zu glauben. Doch ich denke, dass uns Gott in seinem Heils-Willen niemals verlässt und besonders in jenen Situationen bei uns ist und das Beste für uns will. Dies zeigt uns Gott in Jesus Christus und seinem Kreuztod.

Insofern bekenne ich mich persönlich eher zu Swinburnes starkem Lösungsansatz, welcher es zulässt, angesichts der existierenden Welt, wie sie vorzufinden ist, einen Gottesglauben erwachsen zu lassen und zu stärken. Nicht zuletzt auch deshalb, weil für mich eine atheistische Haltung, wie sie Mackie in Folge seiner argumentativen Erörterung für sich entdeckt hat, in keiner Weise eine Alternative darstellt.

Obgleich man bei Swinburne auch kritisieren könnte, dass es ihm trotz seiner Argumentation des Wissenserwerbs durch Induktion nicht gelungen ist, zu klären, warum sich Menschen letztlich eben oftmals für das Leid und Übel entscheiden oder warum Menschen so oft nichts dagegen unternehmen. Doch meiner Meinung nach, geht es im Hinblick auf die Lösung der Theodizee-Problematik nicht hierum, sondern vielmehr darum, warum Gott im Allgemeinen Leid und Übel zulassen kann, wenn er doch allmächtig, allwissend und barmherzig ist. Diesbezüglich bietet Swinburne meiner Meinung nach, einen sehr starken Ansatz.

Es kann festgehalten werden, dass es eine Vielzahl an verschiedenen Ansätzen, Reaktionen und Ansichten zur Lösung der Theodizee-Problematik gibt. Auch kommen die einen in Anbetracht des Leids vom Glauben an einen guten, barmherzigen, allwissenden-und allmächtigen Gott bzw. Gott im Allgemeinen ab, während sich andere bei Schicksalsschlägen in ihrem Glauben gestärkt fühlen. Bezüglich der Theodizeefrage gibt es quasi nicht die eine richtige oder falsche Antwort.

Daher kann schlussendlich gesagt werden, dass bisher jeder Ansatz das Theodizee-Problem zu klären, am Ende ein bestimmtes Ungenügen beim Fragenden zurück lässt. Keine Theodizee geht bislang vollkommen widerspruchsfrei auf und jede rein theoretisch-rationale Herangehensweise bzgl. der Problematik ist bisher bis zu einem gewissen Grad unzureichend. Insbesondere weil jene theoretischen Theodizeeversuche in komplett unangemessener Weise von der subjektiven Betroffenheitsperspektive der einzelnen Leidenden selbst abstrahieren, indem sie rein spekulative Theorien über die Sinnhaftigkeit und die Herkunft des Leides versuchen zu formulieren, als würde das Leid niemanden persönlich betreffen. So gelingt es Swinburne meiner Meinung nach mit seinem Ansatz beispielsweise zwar zu klären, warum Leid und Übel im Allgemeinen von Gott zugelassen werden kann. Es gelingt ihm aber nicht zu klären, warum das Ausmaß an Übel und Leid oftmals so ungleich verteilt zu sein scheint. Manche Menschen, so scheint es zumindest, müssen ein unheimlich großes Ausmaß an Leid ertragen und werden Opfer von Krankheiten, Unfällen, Naturkatastrophen oder menschlich verursachtem Leid, während andere wiederum vollkommen verschont zu bleiben scheinen. Insofern ist es auch meiner Meinung nach von äußerst zentraler Bedeutung, in Anbetracht des großen, allgegenwärtigen Ausmaßes an Leid und Übel, besonders Solidarität, Mitempfinden und Widerstand gegen das Leid zu zeigen und dabei weniger besessen lediglich zu versuchen, theoretisch und spekulativ das Theodizee-Problem zu lösen. Es geht um den praktischen Kampf gegen das Leid, Ungerechtigkeit, Entfremdung und das Böse im Allgemeinen in jeglicher Hinsicht. Dies ist es nämlich, so denke ich, woran wir direkt und unmittelbar arbeiten können, ohne zweifeln zu müssen, ob wir nun richtig oder falsch liegen. Dies gelingt nämlich auch völlig unabhängig davon, ob uns die Lösung der Theodizee-Problematik nun gelungen ist, oder nicht, was nicht heißt, die gleichzeitige Beschäftigung mit dem theologischen Lösungsversuch der Theodizee zu vernachlässigen.[28]

---

[28] Vgl. Loichinger, 2010 , S. 143

5) Quellenverzeichnis

5.1 Literatur

Böttigheimer, C. (2011): Theologische Überlegungen zu bedrängenden Glaubensfragen und Kirchenerfahrungen. Freiburg: Herder Verlag

Kreiner, A. (1997): Gott im Leid. Zur Stichhaltigkeit der Theodizee-Argumente. Freiburg – Basel – Wien: Herder Verlag

Loichinger, A. & Kreiner, A. (2010): Theodizee in den Weltreligionen. Ein Studienbuch. Paderborn: Verlag Ferdinand Schöningh GmbH & Co. KG

Mackie, J. L. (1987): Das Wunder des Theismus. Argumente für und gegen die Existenz Gottes, aus dem Englischen übersetzt von Rudolf Ginters. Stuttgart: Reclam

Rommel, H. (2011): Mensch – Leid –Gott. Eine Einführung in die Theodizee-Frage und ihre Didaktik. Paderborn: Verlag Ferdinand Schöningh GmbH & Co. KG

Swinburne, R. (1987): Die Existenz Gottes, aus dem Englischen übersetzt von Rudolf Ginters. Stuttgart: Reclam

5.2 Internetquellen

Deutsche Presseagentur: Wagons aus Gleisen gesprungen. Zugunglück in Indien – Viele Tote.<http://www.t-online.de/nachrichten/panorama/id_80144388/zugunglueck-in-indien-viele-tote.html>
(22.01.2017)

Was Christen Glauben – Info. Das Wesen Gottes und sein Handeln (2017): Gott ist Liebe.
< http://www.was-christen-glauben.info/gott-ist-liebe/>
(22.01.2017)

Word Food Programme. Bekämpft den Hunger. Weltweit. Hunger (2017): Hunger weltweit – Zahlen und Fakten < http://de.wfp.org/hunger/hunger-statistik>
(22.01.2017)

Die Zeit Online. Gesellschaft (2017): Schwere Erdbeben in Region um Amatrice.
<http://www.zeit.de/gesellschaft/2017-01/italien-erdbeben-mittelitalien-staerke-5>
(21.01.2017)

Die Zeit Online. Gesellschaft (2017): Lawine tötet Menschen in Hotel.
<http://www.zeit.de/gesellschaft/zeitgeschehen/2017-01/italien-lawine-hotel-erdbeben-
rettungskraefte>
(21.01.2017)

Google News (2020): Coronavirus (COVID-19). Statistiken und Nachrichten.
< https://news.google.com/covid19/map?hl=de&gl=DE&ceid=DE:de>
(22.04.2020)

Zenit. Die Welt von Rom aus gesehen. Hauptthemen (2008): Gottfried Wilhelm von Leibniz.
Die Theodizee. Die beste aller Welten.
<https://de.zenit.org/articles/gottfried-wilhelm-von-leibniz-die-theodizee-die-beste-aller-
welten/>
(30.01.2017)